경찰인
엄마아빠가
제 자랑
이에요!

경찰인 엄마 아빠가 제 자랑이에요

펴낸날	초판 1쇄 2025년 10월 15일

지은이	윤보영
펴낸이	서용순
펴낸곳	이지출판

편집지원	전준석·이미경
영어번역	정백락
캘리그라피	김수형

출판등록	1997년 9월 10일
등록번호	제300-2005-156호
주소	03131 서울시 종로구 율곡로6길 36 월드오피스텔 903호
대표전화	02-743-7661 팩스 02-743-7621
이메일	easy7661@naver.com
인쇄	ICAN
물류	(주)비앤북스

ⓒ 2025 윤보영

값 14,000원

ISBN 979-11-5555-265-0 03810

윤보영 시인이 시詩로 만난 경찰

경찰의 엄마아빠가 제 자랑 이에요!

이지출판

"단추 하나에 담긴 사랑처럼, 경찰의 삶도 그렇게 이어집니다."

윤보영 시인은 우리 삶의 작고 아기자기한 것들을 시어로 건져 올리는 시인입니다. 커피 한잔의 구수한 향기, 텃밭의 숨결, 단추 하나에 담긴 마음, 네잎 클로버에 새긴 소망까지도 사랑의 언어로 풀어내는 그의 시는 때로는 속삭이듯 다정하고, 때로는 울림처럼 깊습니다.

이번 시집에서 윤보영 시인은 '경찰'을 노래합니다. 단지 제복의 주인이 아니라, 우리 곁의 이웃이자 친구이며 사회 구석구석에서 사랑과 행복을 지키는 전도사로서의 경찰을 담담히 불러냅니다.

텃밭을 일구듯 묵묵히 범죄의 뿌리를 뽑아내고, 한잔의 커피처럼 따뜻한 말 한마디로 시민을 안아 주는 사람들. 위험 앞에 선뜻 나서되 누구보다 조용히 퇴장하는 이들.

그 모든 삶의 단추를 하나하나 다시 채워 주는 경찰의 이야기를 윤보영 시인은 시의 언어로 어루만지고 있습니다. 그래서 제80주년 경찰의 날을 맞아 이 시집은 더욱 특별한 의미로 다가옵니다. 단순한 헌정이 아니라, 우리 사회가 잊고 있던 경찰의 '마음'을 시민에게 전하는 다리입니다.

일선 현장에서도 따뜻함을 잃지 않는 경찰의 눈빛과 숨결이 고스란히 담겨 있는 이 시집을 읽으며, 우리는 경찰이 단지 법의 집행자가 아닌, 사랑과 신뢰, 그리고 일상의 안전을 지켜 주는 삶의 동반자임을 다시금 느끼게 되기를 바랍니다.

윤보영 시인의 시처럼, 우리 사회도 좀 더 따뜻하고 부드러운 눈으로 경찰을 바라보는 계기가 되었으면 합니다. 감사합니다.

경찰을 소재로 시를 쓰고 한 권의 시집으로 엮어 낸다는 것은 결코 쉬운 일은 아니었습니다. 그러나 쉽지 않았던 만큼 그 과정은 더 깊은 의미로 다가왔고, 경찰을 새롭게 알아가며 감사의 마음을 되새길 수 있는 소중한 기회가 되었습니다.

경찰사랑 시는 몇 년 전, 우연히 경찰의 도움을 받고 느낀 고마움을 시로 적어 발표한 것이 계기가 되었습니다. 그 뒤 여러 경찰관을 만나고, 많은 시민들의 목소리를 들으며 시를 써 내려가는 과정에서 공통점 하나를 발견했습니다.

시민 안전을 위해 묵묵히 근무하는 경찰관의 마음에도 사랑이 있고, 경찰을 바라보는 시민들의 마음에도 사랑이 있었습니다. 주고 싶고 또 받고 싶은 그 사랑을 모아 이 시집에 담았습니다.

이 시집이 경찰관들에게는 자긍심과 보람이 되고, 시민들에게는 경찰을 향한 감사와 존경을 함께 나누는 계기가 되었으면 좋겠습니다. 더 나아가 '경찰사랑 디카시 공모전'과 '전국 어린이 경찰사랑 백일장' 등을 개최하여 생활 속에서 함께하는 경찰의 따뜻한 모습을 나누는 데 보탬이 되는 역할을 하겠습니다.

끝으로, 이 시집 발간을 기꺼이 맡아 주신 이지출판 서용순 대표님, 그리고 원고 준비와 발간 과정에서 도움을 주신 경찰청 관계자 여러분께 깊이 감사드립니다.

경찰관 여러분! 사랑합니다.

1.

경찰
두 글자 위에
무궁화꽃이 있습니다

시민 사랑이 피운 꽃
경찰 사랑이 피운 꽃.

경찰 두글자 위에
무궁화꽃이
있습니다

시민 사랑이
피운꽃

경찰 사랑이
피운꽃

2.

경찰 가슴에 핀 무궁화는
지지 않습니다

국민을 위한 헌신
그 마음이 피웠으니까요.

3.

경찰은
국민을 위한 헌신!
그걸로
충분한 줄 알았습니다

하지만 다시 알았습니다
경찰도
누군가의 도움이 필요한
국민이라는 사실을.

4.

국민 안전을 살피는 일
그것은 곧, 경찰인
나를 위한 일이기도 합니다

그 마음으로
국민 속에
더 가까이 다가가
더 따뜻한 마음으로
살피겠습니다.

5.

무심코 사회에 던진 말
때로는 '딥페이크'처럼
독화살이 되어
사람 마음을 다치게 합니다

그 화살
국민 앞에 서서
경찰이 막아 내겠습니다.

6.

바라보는 눈보다
더 넓은 마음으로
사랑을 담겠습니다

그 마음으로
국민을 살피는
가슴 따뜻한 경찰이 되겠습니다.

7.

입장 바꾸기!
이 말을
늘 기억하겠습니다

도움이 필요해
용기 내어 찾아온
그 사람 처지에서
한 번 더
생각해 보겠습니다.

8.

국민 안전을 위한 일이라면
어디든,
경찰이
발 벗고 나서겠습니다

약속을 넘어
행동으로
보여 드리겠습니다.

9.

뛰는 자 위에
나는 자가 있다지요

과학 치안으로
날아다니는
든든한 경찰이 되겠습니다.

10.

나는 경찰!
언제나
국민을 먼저 생각하고
국민의 안전을
가장 앞에 두고 있는.

11.

더 이상
실수가 없도록
예방이 중요합니다

그 예방!
경찰의 역할입니다
앞장서 실행하겠습니다.

12.

생각하고
다시 생각해도
사랑받는 경찰입니다

그 사랑
사랑으로 보답하겠습니다.

생각하고
다시생각해도
사랑받는경찰
입니다

그사랑
사랑으로 보답
하겠습니다—

13.

아빠!
나는 경찰인 아빠가
자랑스러워요.

14.

엄마!
경찰인 엄마가
제 자랑이에요.

15.

경찰
제 가슴에
'다짐'이란 꽃이 피었습니다.

그 꽃!
시민을 위한
사랑으로 가꾸겠습니다.

16.

강을 막는 댐은
한계가 있지만

우리 곁에
경찰이 세운 '안전댐'은
끝이 없습니다

신뢰로 쌓았으니까요.

17.

경찰의 날을 맞아
나를 돌아보았습니다

"역시 멋져!"

앞으로도 지금처럼
미소 짓는 경찰이 되겠습니다.

18.

시민을 위한 행동은
모두 중요하지만

안전한 사회는
경찰의 역할이
가장 중요합니다.

19.

멀리 보는 것도
필요하지만
가까이 살피는 것도
중요합니다

이제부터
경찰이,
더 세심하게
살피겠습니다.

20.

인공 지능 시대에
경찰 역할은
더 중요합니다

이제 그 역할로
가장 안전한 대한민국을
만들겠습니다.

21.

국가 안전에는
최신 기술
최고의 제품이 중요합니다

그 최고 위에
"함께!"라는 다짐을 얹고
경찰이 앞장서겠습니다.

22.

세계에서
가장 안전한 대한민국!
경찰이 있어 가능했습니다

앞으로도
국민 안전 우선!
긍지로 이어가겠습니다.

23.

시민을 위한 경찰!
오늘도
그 속에서
사랑을 실천하는 경찰!

24.

고맙습니다
감사합니다

경찰에 보내 주신 사랑
시민 안전으로
보답하겠습니다.

25.

시민 안전은
경찰에서 나오고
경찰 사랑은
시민에게서 나옵니다

시민과 경찰이
함께 웃을 수 있도록
더 노력하겠습니다.

26.

시민이 보내 준
깊은 사랑

그 사랑으로
가슴이 따뜻해진
'스마일 경찰!'

27.

경찰에게는
모든 국민이
함께 웃어야 할
가족입니다.

윤보영 시인이 詩로 만난 경찰

28.

고맙습니다
감사합니다

하지만 무엇보다
역시 최고!

신뢰로 감탄이 나오는
경찰!

29.

택시의 안전은
운전기사가 책임지지만

생활 속 안전은
경찰이 책임집니다

믿으셔도 됩니다.

30.

불법은 안 돼요
도로 위에서도
사이버 세계에서도

매의 눈으로
경찰이
지켜보고 있어요.

31.

세계의 경찰이
대한민국 경찰을 보고 있습니다

"엄지척!"

역시 최고라는
감탄사를 받겠습니다.

세계의
경찰이
대한민국,
경찰을
보고있습
니다

"엄지척!"

역시 최고
라는
감탄사를
받겠습
니다

32.

나무처럼
우리 사회에
뿌리 내리고
묵묵히 일하는 경찰

자긍심으로
시민 곁에
열매 맺는 경찰!

33.

자신의 행동에
박수를 보낼 줄 아는
나는
자랑스러운 경찰!

34.

경찰이란 단어에서
소리가 들립니다

일상에서 만난 경찰이
친절한 안내로
내 가슴을 울렸나 봅니다.

35

먼저 웃고
먼저 반기는

시민 곁에 경찰
늘 함께하는 경찰!

36.

사람 사는 마을에는
골목마다
웃는 표정이 있고

안전한 사회에는
사람들 곁에
웃는 경찰이 있습니다.

37.

"김 형!
우리 아들이 이번에
경찰이 되었네."

자랑은 했지만
정말 자랑스러운
멋진 경찰이 되었으면….

38.

"우리 딸
경찰이 되었어요!"

엄마 자랑처럼
그 자랑이 지워지지 않도록
노력하겠습니다.

39.

사람과 사람 사이에는
관심을 가져야
따뜻한 이웃이 되고

이웃과 이웃 사이에는
경찰이 있어야
더 안전한 사회가 되고.

40.

전봇대와 전봇대는
전선이 이어 주고
사람의 만남은
안전이 있어야 이어집니다

전선 속에는
흐르는 전기가 있고
안전한 대한민국 속에는
자기 역할 다하는
경찰이 있습니다.

41.

돌담은
바람이 지나갈 수 있게
틈이 있어야 하지만

안전한 사회에는
틈이 없어야 합니다

빈틈없게
경찰이 막겠습니다.

42.

명절에도
현장을 지키는 경찰

여러분이 보낸 관심은
근무 시간을
가족들과 함께 보낸
그 시간으로 만들어 줍니다.

43.

"역시
경찰이 최고야!"

이 말 들을 수 있도록
제 역할 다하겠습니다

안전한 대한민국
지금처럼 이어 가겠습니다.

44.

한 번 믿음은
영원한 믿음!

구호가 아니라
현실이 될 수 있게
행동하는
경찰!

한번 믿음은
영원한 믿음!

구호가 아니라
현실이 될수있게

행동하는
경찰!

45.

근무 중
답답할 때도 있습니다

그럴 때마다
경찰은
무궁화꽃을 그립니다

사랑하는 마음으로
다시 그립니다.

46.

묵묵히
근무 중인 경찰!

가슴에
무궁화꽃을 피우고
그 역할을 다하는 경찰!

47.

최고의 경찰
최상의 경찰

모두
우리를 두고 하는 말입니다

하지만 저는
믿음이 간다는 말을
제일 듣고 싶어요.

48.

존경받는 경찰
가슴에는
사랑이 담겼습니다

이웃 사랑
국민 사랑
나라 사랑까지!

49.

경찰 하면
생각나야 하는 것
행복!

행복은 사람에게 필요한 것
경찰도 그 사람 중 한 명!

50.

어제와 오늘
내일까지도
경찰이 하는 일에
웃음이 담겼으면 좋겠습니다

그 웃음, 경찰인
제가 주인공이 될 수 있게
더 노력하겠습니다.

51.

국민 안전에
자라는 행복!

경찰이
사랑으로
키우겠습니다.

국민
안전에
자라는
행복!

경찰이
사랑
으로
키우겠
습니
다

52.

어제는 무엇을 했고
오늘은 무엇을 하지?
또 내일은 무엇을 할까?

하지만,
지나고 보니
경찰이 하는 일은
모두 국민 안전이었습니다.

53.

헌신과 봉사로 바쁜
경찰 가슴에도
하늘이 담겼습니다

잠시
보고 싶은 사람 얼굴
그릴 수 있는
그 하늘 말입니다.

54.

바쁘다
바쁘다 하지만

우리 경찰도
잠시 눈 감고

하늘에
보고 싶은 사람
얼굴 한 번
그려 보는 건 어떨까요?

55.

경찰은 사랑입니다

받는 것보다
주는 사랑에서
더 큰 행복을 얻으니까요!

56.

경찰의 안내대로
안전을 실천할 때
웃음소리 들리는 사회가 됩니다

그곳에는
우리 가족도 함께 있습니다.

57.

경찰은 꽃입니다

안전한 사회를 위해
베푼 사랑 위에
곱게 피운 꽃!

58.

안전한
대한민국을 만드는 경찰!

국민의 감사가 모여
대한민국 가슴에
더 큰 무궁화꽃이 피었습니다.

59.

사랑 실천으로
빛나는 별!

경찰도
그 별입니다
사랑입니다.

60.

경찰만 봐도
철렁한다는 말

저는
다르게 말하고 싶습니다

너무 감탄해서
사랑이 철렁한다고.

61.

사랑을
먼저 실천하는 경찰!

그것이
경찰입니다

저도
그 경찰 중
한 사람입니다.

62.

경찰관에게
길을 물어보고 알았습니다

친절한 안내,
경찰관도
따뜻한 이웃이라는 사실을.

63.

경찰 가슴에는
사랑이 꽃으로 핀
꽃밭이 있습니다

그 꽃밭
안전으로 가꾸고 있습니다.

64.

우리 가슴에는
받는 사랑보다
내어 줄 사랑이
더 많습니다

그래서
경찰의 친절은
자연스럽습니다.

65.

단속보다 안내를
사고보다 예방을!

경찰이 곁에 있다는 건
안심할 수 있다는 뜻입니다

눈을 찡긋!
그 순간
경찰도 미소로 답할 수 있는.

66.

경찰 사랑
그 끝은 어딜까?

밤늦도록 생각하다
끝내 포기했습니다

경찰에게 사랑은
시민과 한
조건 없는 약속이어서.

67.

경찰관에게는
제복 입은 모습이
제일 멋집니다

베풀고 나누는 마음이
더 멋지다는 사실
미처 몰랐을 때는.

68.

저는
보람으로 근무하는
대한민국 경찰

스스로 자랑할 수 있는
참 멋진 경찰!

69.

경계할 경警, 살필 찰察

나 자신을 먼저 경계하고
어려움을 살피는 사람

그 이름이 경찰입니다.

70.

경찰도
행복이 필요합니다

이웃이 행복하고
사회가 행복할 때

그 행복은
저절로 찾아옵니다

바쁜 경찰관의 마음에도
그 행복이, 미소 지으며
스며들었으면 좋겠습니다.

경찰도
행복이 필요합니다
이웃도 행복하고
사회가
행복할때
그 행복은
저절로
찾아옵니다
바쁜 경찰관의
마음에도 그 행복이,
미소 지으며
스며들었으면
좋겠습니다

71.

경찰관 가슴에
사랑과 헌신이 자라나는
꽃밭이 있습니다

그 향기
사람들 가슴마다
담아 주고 있습니다.

72.

앞서 걸어가며
길을 안내하는
경찰관 뒷모습에
느낌표(!)를 찍었더니
커다란 하트가 되었습니다

고맙습니다.

73.

제가 건네는
말 한마디에도
사랑을 담고

우연히 마주친
얼굴에도
미소를 담겠습니다

그 사랑과 미소로
경찰을 찾는 사람에게
신뢰를 주겠습니다.

제가 건네는
말 한마디에도
사랑을 담고
우연히
마주치는 얼굴
에도
미소를
담겠습니
그 사랑과
미소로
경찰을 찾는 사람에게 신뢰를 주겠습니다

말

74.

경찰은
감사합니다
감사합니다
아무리 말해도 모자라고

그 마음
고맙습니다
고맙습니다
아무리 가슴에 담아도
부족합니다.

75.

경찰의 날!
오늘은 경찰인 나에게
감사하는 날입니다

고맙습니다
내일을 앞에 두고
고마움을
한 번 더 전하는 날입니다.

76.

경찰의 날에도
경찰에게는
받는 사랑보다
내어 줄 사랑이
먼저입니다.

77.

경찰 가슴에
헌신과 봉사
그 마음이 담기면
한겨울에도
따뜻한 바람이 붑니다.

78.

제복 입은 경찰!
모두 같아 보입니다

진짜 똑같은 것은
그 가슴에 담긴
따뜻한 사랑입니다.

79.

사랑합니다
사랑합니다

안전한 환경 위에
경찰이 사랑으로
징검다리를 놓았습니다.

80.

마음보다 행동

행동보다 예방

앞을 바라보는

멋진 경찰이 되겠습니다.

81.

엄마도 경찰
아빠도 경찰
우리 가족에게는
사랑이 두 배
행복은 열 배.

82.

경찰의 날
오늘만큼은

시민도 경찰
온 국민이 경찰.

83.

사람들이
경찰서에 들러
고맙다는 말을 전하고 싶게

믿음이 가는 경찰
그 믿음을 나누는
참 경찰이 되겠습니다.

84.

가로등은
어두운 도로를 밝혀
안전한 길을 만들고

이웃은
경찰이 있어
밝은 사회를 만듭니다.

85.

우리는
의로운 경찰
깨끗한 경찰
친절한 경찰!

가슴마다
사랑이 담긴
진정한 경찰입니다.

우리는
의로운
깨끗한
친절한

경찰!

가슴마다
사랑이 담긴
진정한 경찰
입니다

86.

여러분 곁에
안전한 환경을 책임지는
경찰이 있듯

경찰 곁에도
여러분이 있습니다
경찰을 믿어 주는
든든한 마음 말입니다.

87.

한 사람
한 사람의 사랑이 모여
큰 보람이 됩니다

그 보람의 주인공!
경찰이 되겠습니다.

88.

경찰은 사랑입니다

헌신과 봉사로 만든 사랑
다시 나누어 주는 사랑
그 사랑에
답으로 받은 사랑!

89.

자신을 지키기 어려운
이웃에게
힘이 되는 경찰!

그 어려움을
덜어 주는
친구 같은 경찰!

90.

경찰이 열심히 한 만큼
웃음이 늘어나고

웃음이 늘어난 만큼
행복이 늘어나고

행복이 늘어난 만큼
살맛이 깊어집니다.

91.

말!
경찰은 말을 할 때
늘 조심해야 합니다

상대방 마음을 헤아리기 위해
먼저 마음 열고 노력해야 합니다.

92.

선행을 베푼 경찰관은
할 도리를 했다고
손을 저었지만
도움을 받은 시민에게는
큰 행운이었습니다

급할 때
그 도움
저도 받았습니다
감사합니다.

93.

경찰은
우리 사회에
안전한 텃밭을 만듭니다

그 텃밭에서
싹튼 웃음,
행복으로 자랍니다.

94.

아이들은
장래 희망을 묻는 칸에
'경찰'이라고 적습니다

그만큼 경찰은
안정되고
보람 있는 직업이라는 뜻입니다.

아이들은
장래희망을
묻는칸에
'경찰'이라고
적습니다

그만큼
경찰은안정되고
보람있는
직업이라는
뜻입니다

95.

경찰관 업무수첩에
'6권'이라 적힌
메모가 있었습니다

세상에,
이제 겨우
한 해의 절반인데

안전은
그저 오는 것이 아님을
오늘 다시 알았습니다

고맙습니다.

96.

정복 입은
경찰관

얼마나 멋지던지
사위 삼고 싶었다는
얘기를 들었습니다

그 말에
공감이 갔습니다

저도 그런 적
있었거든요.

97.

내가 본 경찰 중에
가장 기억에 남는 분은
누굴까?

글쎄요,
저는 선행을 베풀고도
자기 일을 했을 뿐이라며
웃으며 돌아가던
그분 같아요

고맙습니다.

98.

지방에 갔다가
배탈이 나
파출소로 뛰어갔습니다
"화장실이 어디예요?"

다짜고짜 묻는데도
웃으며 알려 주신 경찰

고맙습니다
응원합니다.

99.

억수로 비가 쏟아지는 날
억수로 급한 일이 생겼습니다

억수로 빨리 달려온 경찰
억수로 고마웠습니다

생명을 구했으니
억수로 감사할 수밖에요.

100.

추운 날은
두꺼운 옷을 입어야
따뜻합니다

하지만
우리 곁의 안전은
경찰만 있으면
저절로 따뜻해집니다

그 따뜻함 속에서
웃음소리까지 들립니다.

101.

경찰이란 단어에
늘 안전이란 말이
따라다니는 줄 알았습니다

그렇습니다
안전이 따라다닙니다
웃음까지 데리고 다닙니다.

\#

Dad!
I am so proud
That my dad
Is a policeman.

\#

Mom!
You are my pride
The policewoman.

\#

Even though the dam that halts a river

Has its limits,

The 'safety dam'

Our police have built beside us

Has no end—

For it is raised on trust.

\#

The safest nation in the world—
Korea!
Made possible by our police.

From this day on,
Safety first!
We will carry it forward with pride.

\#

The police are flowers–

For a safer world,

Upon the love they have given,

Gentle flowers,

They have brought to bloom.

\#

The police
Who build a safe Korea!

The gathered thanks of the people
Have blossomed into a greater Rose
of Sharon
within the heart of Korea.

\#

The Police
Who live out love first!

That is
Today's police.

I, too,
Am one among them.

\#

Within a policeman's heart,
There is a garden
Where love has blossomed into flowers.

With safety,
They are tending
That garden.

# #

In every word
I offer,
I will place love.

In every face
I meet by chance,
I will place a smile.

With that love and smile,
To those who seek the police,
I will give my trust.

# #

Where does the love of police
Find its end?
I thought on it late into the night,
And at last, gave up.

For love, to the police,
Is an unconditional vow
Made with the people.

\#

To the police officer,
The finest look of all
Is in the uniform.

When you do not yet know
A heart that gives and shares
Is even finer.

#

Within a police officer's heart,
There is a flower garden
Where love & devotion blossom.

Its fragrance
Fills the hearts of many,
Settles in every heart.

\#

We are
The righteous police,
The upright police,
The kind police!

We are,
Carrying love in every heart,
The true police.

\#

To the police,

Thank you,

Thank you,

No matter how often I say it,

It is never enough.

To the heart,

Thank you,

Thank you,

No matter how deeply I hold it,

It is still not enough.

\#

I love you.
I love you.

Upon the ground of safety,
The police, with love, have laid
A bridge of stepping stones.

\#

My Mom is a policewoman,
My Dad is a policeman.

For my family,
Love is doubled,
Happiness is ten times more!

\#

The love of each & every one
Gathers into great fulfillment.

I shall be the police,
The hero of that fulfillment!

\#

In a police officer's notebook,
There was a memo:
'Vol. 6.'

My goodness,
It is only
Half a year gone.

Safety
Does not come on its own.
I have learned again today,
Grateful beyond words.

\#

I once thought
The word 'police'
Was always followed by 'safety.'

And so it is:
Safety does follow,
And carries even laughter along.

\#

Police for the people!

Today as well,

By their side,

Living out love, the police!

윤보영 시인

- 대전일보 신춘문예 동시(2009년, 경운기 소리) 당선
- 건국대학교 미래지식교육원 외래교수
- 한국열린사이버대학교 통합치유학과 외래교수
- 한국감성캘리그라피협회 이사장
- 한국감성시협회 이사장
- 윤보영감성시학교 운영
- 한국파킨슨희망연대 홍보대사
- 문경문학관 명예관장
- 초·중·고, 공공기관, 복지관, 단체 등에 '시로 여는 행복한 세상' 인문학 특강
- 한국뇌성마비협회, 서울북부보훈지청 '감성시 쓰기반' 운영
- 문경, 군산, 청송 등에서 '어린이시인학교' 운영
- 윤보영동시전국어린이시낭송대회 개최(8회)
- 수국축제와 '수국디카시공모전' 개최
- 수원문학대학 감성시 강의(2025. 3월~)
- 경찰사랑 K치안디카시공모전 개최
- 문경시, 환경부, 보건복지부, 국무총리실 등 근무(부이사관 퇴직)
- 한국보건의료연구원(실장), 의료기관평가인증원(본부장) 근무
- 《윤보영 시인처럼 감성시 쓰기》 외 시집 25권 발간

영어번역 정백락 시인

시, 시조, 디카시로 등단하여 희망과 위로의 작품을 쓰고 있으며 영어로 사람과 소통하고 세계와 소통하고 있다.